AF358422

ARBRES NAINS

DU JAPON

CATALOGUE

D'UNE COLLECTION

d'Arbres Nains du Japon

CULTIVÉS ET DRESSÉS

PAR

MM. YAMANAKA & C°

A OSAKA

DONT LA VENTE PUBLIQUE AURA LIEU

Le Mercredi 27 Mai 1914

A L'HOTEL DROUOT, SALLE N° 7

A DEUX HEURES

COMMISSAIRES-PRISEURS :

M° LAIR DUBREUIL

6, Rue Favart, 6

EXPERT :

M. M. BING

10, Rue Saint-Georges, 10

EXPOSITION SALLE N° 7

Le Mardi 26 Mai 1914, de 2 heures à 6 heures

CONDITIONS DE LA VENTE

Elle sera faite expressément au comptant.

Les acquéreurs paieront 10 o/o en sus des en-
chères.

L'exposition publique mettant le public à même de
se rendre compte de l'état et de la nature des objets
il ne sera admis aucune réclamation une fois l'adjudi-
cation prononcée.

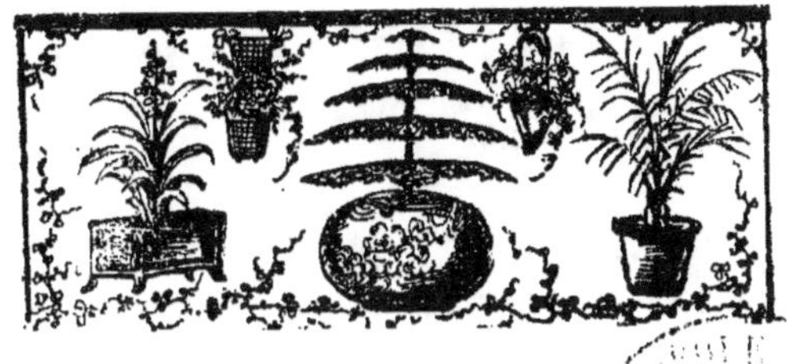

DÉSIGNATION

———

1 — Thuya.

2 — Pin.

3 — Thuya.

4 — Thuya.

5 — Erable.

6 — Thuya.

7 — Thuya.

8 — Thuya.

9 — Thuya.

10 — Junipérus.

11 — Thuya.

12 — Thuya.

13 — Erable rouge.

14 — Thuya.

15 — Thuya.

16 — Arrangement miniature.

17 — Thuya.

18 — Thuya.

19 — Erable Tokaédé.

20 — Thuya.

21 — Thuya.

22 — Zelkowa kéaki.

23 — Thuya.

24 — Thuya.

25 — Erable.

26 — Thuya.

27 — Thuya.

28 — Erable rouge.

29 — Thuya

30 — Thuya.

31 — Erable.

32 — Thuya.

33 — Thuya.

34 — Thuya.

35 — Arrangement : Thuya et Pin.

36 — Thuya.

37 — Thuya.

38 — Thuya.

39 — Erable.

40 — Thuya.

41 — Thuya.

42 — Erable Tokaédé.

43 — Thuya.

44 — Thuya.

45 — Erable.

46 — Thuya.

47 — Erable.

48 — Thuya.

49 — Thuya.

50 — Junipérus.

51 — Thuya.

52 — Erable.

53 — Thuya.

54 — Thuya.

55 — Thuya.

56 — Arrangement miniature.

57 — Thuya.

58 — Thuya.

59 — Erable.

60 — Thuya.

61 — Thuya.

62 — Thuya.

63 — Pin.

64 — Thuya

65 — Erable rouge.

66 — Thuya.

67 — Thuya.

68 — Erable.

69 — Thuya.

70 — Thuya.

71 — Erable.

72 — Thuya.

73 — Thuya.

74 — Erable Tokaédé.

75 — Thuya.

76 — Laryx-Mélèze.

77 — Thuya.

78 — Thuya.

79 — Erable.

80 — Thuya.

81 — Junipérus.

82 — Thuya.

83 — Thuya.

84 — Erable.

85 — Thuya.

86 — Thuya.

87 — Thuya.

88 — Erable.

89 — Thuya.

90 — Thuya.

91 — Pin.

92 — Thuya.

93 — Thuya.

94 — Thuya.

95 — Thuya.

96 — Erable.

97 — Thuya.

98 — Thuya.

99 — Thuya.

100 — Arrangement miniature.

101 — Thuya.

102 — Erable Tokaédé.

103 — Thuya.

104 — Erable.

105 — Thuya.

106 — Thuya.

107 — Erable.

108 — Thuya.

109 — Thuya.

110 — Erable.

111 — Thuya.

112 — Thuya.

113 — Junipérus.

114 — Thuya.

115 — Thuya.

116 — Erable.

117 — Thuya.

118 — Erable.

119 — Thuya.

120 — Arrangement : Thuya et Junipérus.

121 — Thuya.

122 — Thuya.

123 — Erable Tokaédé.

124 — Thuya.

125 — Thuya.

126 — Erable.

127 — Thuya.

128 — Thuya.

129 — Zelkowa kéaki.

130 — Thuya.

131 — Thuya.

132 — Erable.

133 — Thuya.

134 — Thuya.

135 — Thuya.

136 — Erable.

137 — Thuya.

138 — Thuya.

139 — Thuya.

140 — Pin.

141 — Thuya.

142 — Thuya.

143 — Erable rouge.

144 — Thuya.

145 — Thuya.

146 — Thuya.

147 — Laryx-Mélèze.

148 — Thuya.

149 — Thuya.

150 — Erable Tokaédé.

151 — Thuya.

152 — Thuya.

153 — Pin.

154 — Thuya.

155 — Thuya.

156 — Thuya.

157 — Erable Tokaédé.

158 — Thuya.

159 — Thuya.

160 — Erable.

161 — Thuya.

162 — Thuya.

163 — Arrangement miniature.

164 — Thuya.

165 — Erable.

166 — Thuya.

167 — Thuya.

168 — Thuya.

169 — Erable rouge.

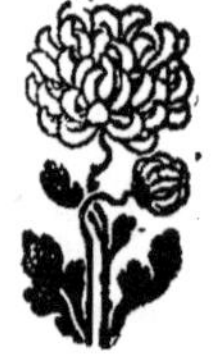